RÉPONSE

AU DISCOURS

DE S. EX. M. LE COMTE DE VILLÈLE.

RÉPONSE
AU DISCOURS
DE S. EX. M. LE COMTE DE VILLÈLE,
MINISTRE DES FINANCES,

SUR LE

PROJET DE REMBOURSEMENT
DES RENTES.

Prix : 75 centimes.

PARIS,
IMPRIMERIE D'HIPPOLYTE TILLIARD,
RUE DE LA HARPE, N° 78.

1824.

RÉPONSE

AU DISCOURS

DE S. EX. LE MINISTRE DES FINANCES.

Quidquid delirant Reges, plectuntur Achivi.

IL y a long-temps, M. le Comte, que l'on a énoncé cette vérité qui, dans un gouvernement constitutionnel, signifie que les peuples paient les fautes des ministres, On a en bien souvent l'occasion d'en faire l'application, et sur ce sujet, comme sur tant d'autres, les exemples de nos prédécesseurs sont perdus pour nous. Nous voilà encore à la veille d'en faire une triste expérience, puisque nous voyons reproduire, tel que l'avait déjà annoncé *le Moniteur*, un plan de finances repoussé par l'opinion publique; et si je reprends la plume sur un sujet que j'ai déjà traité, ce n'est pas dans l'espérance de réussir à empêcher l'adoption d'une mesure dont peut-être le premier, vous éprouverez les funestes résultats. Comment, en effet, pourrait-il rester un doute sur le succès de votre plan, puisque vous n'avez pas craint de le proposer? Malgré cette conviction pourtant, je me dois à moi-même, je dois à mes concitoyens, de manifester de tous mes moyens la vérité sur un projet onéreux à l'État, même dans sa réussite, et dont les suites, s'il ne réussit pas, peuvent amener les plus grands désastres.

Et avant tout, M. le Comte, qu'il me soit permis, tant en mon propre nom qu'au nom de tous ceux qui, poussés par le seul désir de la tranquillité et de la prospérité publique, ont secondé de tout leur pouvoir le choix des députés agréables au ministère; qu'il me soit permis, dis-je, de vous offrir nos remercîments pour le premier acte de votre reconnaissance; il est assez marquant pour que nous n'y soyons pas sensibles.

Jusqu'à nos jours, M. le Comte, les temps de détresse et de nécessité avaient seuls suggéré l'idée de couvrir des déficits, ou de créer des ressources extraordinaires, en réduisant les engagements de l'État; et cette détresse, cette nécessité, pouvaient servir, sinon d'excuse, au moins de prétexte. Il était réservé à notre siècle de voir renouveler de semblables mesures, au sein d'une prospérité qu'ont peine à concevoir tous ceux auxquels est encore présent le souvenir des événements qui ont eu lieu depuis dix années. Le Destin nous avait sans doute condamnés à ne marcher que d'étonnement en étonnement, et vous avez voulu contribuer à ce que nous ne pussions nous soustraire à notre destinée. Mais, M. le Comte, en accomplissant l'œuvre du Destin pour nous, vous accomplissez aussi le vôtre, et je crains que vous ne l'ayez vous-même prononcé dans cette phrase, que je répète avec vous, bien convaincu de la vérité qu'elle exprime :

« Tout est lié dans le bien comme dans le mal, » dans le vrai comme dans le faux. Entrez dans la » bonne voie, tous les résultats sont bons; égarez-« vous dans la mauvaise, tout vous tournera à mal.»

Je dois présumer, M. le comte, que vous vous croyez dans la bonne voie; malheureusement l'opinion publique, dont je crois n'être ici que l'interprète, ne partage pas cette idée, et c'est pour vous exposer les motifs de cette opinion, que je réponds à votre discours.

Eh quoi! M. le Comte, vous mettez au nombre des causes du crédit public la ponctualité à satisfaire à nos engagements, et la première proposition que vous faites pour augmenter ce crédit, c'est de manquer à cette ponctualité! Oui, M. le Comte, d'y manquer! Vous aurez beau chercher à retourner la question de la manière la plus captieuse, vous n'échapperez pas à ce fait, c'est que vous réduisez le revenu des rentiers d'un 5eme.

Et ne nous citez pas ici l'exemple de l'Angleterre ; il ne prouve rien pour nous, et ne nous est applicable en rien, ainsi que je pourrais le démontrer, si mon intention n'était pas de me renfermer strictement dans l'examen de votre plan.

Quel est donc le premier motif que vous donnez de la réduction des rentes ?

« Notre rente, dites-vous, a dépassé le pair : » elle se vend au-dessus, avec la connaissance « d'un prochain remboursement ou réduction » d'intérêts ; elle serait à 110 et 115, si la » loyauté du Gouvernement ne l'eût porté à » laisser penétrer ses intentions. Deux domma- » ges notables résulteraient pour la fortune pu- » blique, de la continuation d'un tel état de » choses. Le premier est celui du rachat jour- » nalier, à un taux supérieur au pair, par la » Caisse d'amortissement, c'est-à-dire par les » *contribuables.* »

Ici je m'arrête, M. le Comte, et satisfait d'avoir tiré de votre bouche même cet aveu important sur l'amortissement, je ne chercherai pas à vous combattre par des raisonnements ; je laisserai parler Barême, qui n'était pas homme d'État, mais qu'on peut pourtant consulter avec fruit, surtout lorsqu'il s'agit de finances, parce que là, du moins, on ne trouve que des vérités.

La rente, dites-vous, serait à 110 et 115. Voyons donc ce que l'amortissement, c'est-à-dire les *contribuables*, seraient obligés de payer pour l'éteindre à un taux que je porterai jusqu'à 116 fr. 50 c.

140,000,000 fr. de rentes, au cours de 116 fr. 50 c. pour 5 fr., coûteraient 3,262,000,000.

Suivant le projet, nous n'aurons plus à payer que 112,000,000 fr. de rentes en 3 0/0; qui, selon vous, peuvent monter au pair. Je ne profiterai pas d'une si grande concession; je me contenterai du terme moyen, entre 75 et 100. Or, à ce taux, qui est de 87 fr. 50 c., 112,000,000 de rente 3 0/0, coûteront à l'amortissement, c'est-à-dire aux contribuables, 3,266,555,555 fr.

Ainsi l'avantage que vous procurez à l'amortissement ou aux *contribuables*, c'est de racheter les rentes réduites plus cher, à 87 fr. 50 c., que ne coûteraient les anciennes, en supposant qu'elles se fussent élevées à 116 fr. 50 c.

Et comment ce calcul seul, M. le comte, ne vous a-t-il pas fait reculer devant votre projet? Il est trop simple, il se présente trop naturellement à l'esprit, pour pouvoir alléguer que vous ne l'avez pas fait; et, si vous l'avez fait, comment pouvez vous dire, devant la Chambre des députés: *qu'une administration prévoyante devait cher-*

cher les moyens les plus justes et les plus efficaces pour faire cesser ce dommage, lorsque vous le rendez encore plus grand, et que par conséquent vous avez vous-même prononcé votre condamnation ?

Je n'examinerai pas vos raisonnements sur la distraction des rentes immobilières, que du reste vous paraissez réserver pour une autre occasion. Cette controverse me mènerait trop loin; elle impliquerait d'ailleurs une reconnaissance de principe, et vous voyez que je suis loin de l'admettre. Je laisse également de côté vos détails sur la conception du plan. J'arrive à vos motifs:

« Diminuer les charges publiques, en réduisant les intérêts de notre dette au taux où notre crédit nous permet d'emprunter, sans nuire par cette opération à son développement, et en joignant au contraire au bénéfice actuel, des bénéfices sur les emprunts à venir ; tel est le résultat le plus heureux que nous puissions tirer des circonstances, le but désirable que nous devons chercher à atteindre. »

Tout cela est vrai ; mais tout cela n'est pas dans votre projet; car la diminution que vous obtenez, en la prenant dans la poche du rentier, vous la compensez assurément d'une terrible manière, en augmentant le capital de votre dette d'un milliard, qui retombe sur l'amortissement, autrement dit sur les *contribuables*. — Vous nous parlez de bénéfices, sur des emprunts à venir. Eh quoi, M. le Comte, pour justifier vos projets, vous êtes obligé de nous faire déja entrevoir des emprunts, et par conséquent des désastres. Mais à qui persuaderez-vous donc, que, le cas échéant, vous aurez un plus grand crédit, parce que vous appelerez vos rentes du 3 0/0 au lieu de 5 0/0. Ah! si nous nous retrouvions dans la fâcheuse position d'avoir recours à des emprunts, ce dont Dieu veuille nous garder, vous verriez se retirer promptement tous ces capitaux, qu'on vous offre aujourd'hui de toutes parts, parce que vous pouvez vous en passer, et vous vous trouveriez heureux de pouvoir négocier les 3 0/0 à 50 fr.

« Mais, dites-vous, les avantages du projet, et » nous avons déjà vu sous un rapport quels sont » ces avantages, devraient être refusés, si le » droit de se libérer en remboursant le capital » pouvait être contesté à l'Etat; si ce rembour- » sement était injuste envers une classe quel- » conque de créanciers; enfin, s'il était un autre » moyen d'utiliser les circonstances actuelles au » profit des contribuables qui *supportent en der-* » *nière analyse toutes les dépenses publiques*, s'il » était un autre moyen d'atteindre le même ré-

» sultat sans réduire l'intérêt que nous payons » aux rentiers, et sans ôter à notre crédit la » force de continuer à fournir aux besoins extra- » ordinaires, auxquels un Etat comme la France » doit être toujours prêt à subvenir. »

Nous allons vous suivre dans tous ces points, M. le Comte, et nous espérons que pour la seconde fois, vous avez vous-même jugé votre projet.

Pour prouver que l'État a le droit de rembourser le capital des rentes, vous avez sans doute bien étudié les anciens édits qui ont créé les rentes, et les titres émis en vertu de ces édits. Vous vous êtes bien pénétré des principes du Code civil; mais vous avez omis une considération importante : c'est que les lois tant anciennes que nouvelles, ont été établies entre parties égales, et ont admis les mêmes droits en faveur de ces parties. Le cas est-il le même ici? Non : car vous vous refuseriez à rembourser ou même à donner caution pour le paiement des intérêts lorsque la rente est à la baisse : donc, les choses ne sont plus égales, et si vous déclinez les charges, on peut vous contester le bénéfice des lois que vous invoquez. L'heureuse obligation, que, suivant vous, les prêteurs de nos plus forts emprunts vous ont imposée d'établir une Caisse d'amortissement, et que vous citez comme une preuve de votre droit de remboursement, prouve précisément le contraire; car cette condition vous impose un mode de remboursement déterminé, et c'est le seul que vous puissiez employer, sauf à le régler suivant les circonstances. Mais continuons :

« D'ailleurs, dites-vous, cette obligation d'un » amortissement richement doté, serait-elle con- » ciliable avec l'impossibilité du remboursement » général ? Que les partisans de cette opinion lè- » vent donc les difficultés qui se présentent au- » jourd'hui, et qui seraient bien autrement sen- » sibles, puisque la rente serait plus élevée, si » nous n'avions annoncé l'intention de la rem- » bourser. »

Le calcul que nous vous avons présenté plus haut ruine tout-à-fait votre objection, car votre plan, bien loin de lever les difficultés, ne fait que les accroître, puisque, comme nous l'avons fait voir, vous augmentez les charges de l'amortissement, dont vous ne changez que l'énonciation, afin d'éblouir ceux qui ne voient que les dehors, et auxquels vous voulez persuader que vous racheterez au-dessous du pair vos 3 0/0, tandis que dans mes premières observations, je vous ai démontré d'une manière incontestable qu'en rachetant vos 3 0/0 à 76 vous les payez déjà plus cher que les 5 0/0 à 101.

« Nous diront-ils, continuez-vous, de dépouiller l'amortissement ; mais ce serait sortir du » système dans lequel ils sont renfermés ; ce » serait violer les engagements pris. »

Je m'arrêterai un moment sur ce terme de dépouillement, que plus loin vous transformez en spoliation, en violation. Jusqu'à présent j'avais cru connaître la vraie signification de ces termes. J'avais vu des exemples assez fameux de dépouillements, de spoliations et de violations de caisses, pour me croire fixé à cet égard. Je n'aurais donc jamais imaginé, que demander l'extinction des rentes dont nous avons payé le rachat de nos deniers, put constituer une spoliation. Une spoliation ! et envers qui donc ? Envers nous-mêmes ? Puisque c'est nous, nous contribuables, supportant en définitive toutes les charges, comme vous êtes obligé d'en convenir, qui sommes assurément bien propriétaires de ces rentes. Quel étrange abus de mots ; et pouvez-vous croire qu'il prouve la bonté de votre cause !

Et où donc, M. le Comte, avez-vous trouvé qu'éteindre les rentes amorties serait violer les engagements pris ? Où sont-ils ces engagements ? De quelle loi, de quel acte résultent-ils ? J'ouvre la loi de finances du 28 avril 1816, qui a créé la Caisse d'amortissement aujourd'hui existante, et j'y lis, titre X, article 109 : « Les rentes acquises » par la Caisse d'amortissement, au moyen 1° des » sommes affectées à sa dotation; 2° des arrérages » desdites sommes, seront immobilisées, etc.

« *Lesdites rentes seront annulées aux époques et pour la quotité qui seront déterminées par une loi.* »

Ce n'est pas ici une assertion gratuite; c'est un article de loi, de la loi qui a créé cette Caisse, sur laquelle, dites-vous, les prêteurs ont assis leurs calculs; c'est cet article, dis-je, qui d'avance, et sous la nécessité la plus dure, a prévu et stipulé la faculté d'extinction, sans autre condition que celle de la régler par une loi; et cet article fait tomber tout votre échafaudage d'engagements pris et violés.

« Ce serait détruire les ressources du crédit « pour l'avenir. »

C'est en masquant sa dette par des opérations fictives, M. le Comte, qu'on diminue son crédit, parce que, plus la hausse obtenue par le moyen de l'agiotage est grande, plus la chute est terrible, lorsque cette fièvre à la hausse, dont vous nous parlez, vient à cesser, ce qui doit toujours arriver, parce que les accès de fièvre sont régulièrement suivis de faiblesses. Au contraire, on augmente son crédit lorsqu'on diminue véritablement la masse de ses dettes, parce que c'est là une opération positive, dont tout le monde peut juger.

« Nous diront-ils d'en suspendre l'action? ce » serait jeter le désordre dans le système, faire » de l'amortissement un moyen d'agiotage et de » spéculation. »

Lorsque l'amortissement fut créé on n'entrevoyait certes pas la possibilité de voir arriver les rentes au pair; et disons-le franchement, malgré la confiance que doit nous mériter notre situation financière, nous serions encore loin de ce résultat sans *cette fièvre à la hausse, sans cette manie des emprunts*, dont se trouvent possédés les grands capitalistes de l'Europe, qu'un ministre d'Angleterre qualifie aujourd'hui de généralissimes des généraux, et avec raison, puisque ce sont eux qui exploitent les gouvernements à leur profit.

A l'époque de cette création, et par des motifs que je crois inutile de rappeler, on crut devoir interdire à la Caisse la faculté d'acheter autrement que suivant un mode et à des époques déterminées, et la régularité apportée à ses opérations n'a pas peu contribué à la bonification du cours. Mais à présent que les circonstances ont changé, il faut aussi que le mode d'amortissement éprouve quelque modification, parce que, comme vous le dites, le rachat des rentes à un taux supérieur au pair, est un véritable dommage; mais pourquoi ces modifications feraient-elles de l'amortissement un moyen d'agiotage? Une seule disposition à ajouter à celles qui régissent la Caisse, peut suffire; elle consisterait à suspendre son action, dès que la rente dépasserait le pair, et a la reprendre dès que la rente serait au pair ou au dessous, en suivant les mêmes principes que ceux qui l'ont dirigée jusqu'à présent; cette suspension ne porterait que sur le rachat, et non sur l'affectation de la dotation qui resterait entière, et dont les fonds libres au Trésor, y diminueraient, pendant l'inaction de la Caisse, les intérêts et commissions payés pour la dette flottante.

Comment cette mesure pourrait-elle influer sur le crédit, tant que les fonds se soutiendraient au pair? et comment détruirait-elle les ressources de l'avenir, puisqu'en supposant une baisse, la force de l'amortissement serait d'autant plus grande que son inaction se serait prolongée.

Je ne vous suivrai pas, M. le Comte, dans la partie de votre discussion ou vous établissez que les rentiers réduits au tiers, étant victimes d'une injustice *qui n'est pas d'aujourd'hui*, d'une injustice qui a été funeste à tant d'autres, ne peuvent être compris dans une exception qui *pèserait tout entière sur nous*. Je me contenterai de vous demander si l'indemnité que vous voulez accorder à une classe des victimes de l'époque où les véritables spoliations ont été commises, indemnité que je suis loin de combattre; si, dis-je, cette indemnité ne doit pas peser tout entière sur nous, et si l'injustice que vous voulez réparer est de notre fait ?

Je laisserai aussi de côté tous les raisonnements que vous reproduisez sur la spoliation de la Caisse, et sur le manque de foi à des engagements pris. J'y ai répondu, je pense, de manière à pouvoir me dispenser de toute autre explication.

Mais j'attaquerai, comme je l'ai déjà fait dans mon premier écrit, votre assertion, que la mesure proposée va faire diriger les capitaux sur le commerce, l'industrie et l'agriculture. Et d'abord expliquez-vous franchement, M. le Comte, sur le prêt que vous annoncez pouvoir obtenir à 4 0/0. Dites-nous en votre ame et conscience, si vous croyez que les banquiers vous prêteraient à 4 0/0, sans l'espérance qu'ils ont de la hausse qu'ils vont effectuer, au moyen de l'agiotage soutenu par l'amortissement que vous tenez tant à conserver intact, pour procurer aux propriétaires qui croient n'être pas atteints par la mesure, le plaisir de racheter 90 fr. ce que vous donnez à 75. Mais si cela était, si les banquiers ne savaient que faire de leur argent, s'ils n'espéraient en tirer que 4 0/0, quelle est donc la spéculation commerciale ou industrielle qui ne leur en offrît pas davantage. Comment ces mêmes capitalistes, si embarassés de leur fonds, si prévenants envers vous, se montreraient-ils si exigeants envers les commerçants, les agriculteurs, qui, dites-vous, ne peuvent obtenir les capitaux qu'à un intérêt onéreux?

Oui, sans doute, le commerce et l'industrie souffrent. Mais quelle en est la cause? ce sont les opérations financières; c'est votre fièvre à la hausse qui concentre tous les capitaux dans quelques mains pour réaliser des bénéfices énormes au profit d'étrangers. Et comment se résoudraient-ils, ces capitalistes avides, à laisser les capitaux se répandre pour aller vivifier les provinces, lorsque vous attirez les sans cesse à vous par la facilité avec laquelle vous accueillez leurs suggestions perfides, leurs plans fallacieux, qu'ils ne cessent de renouveler, pour ajouter encore de nouveaux bénéfices à ceux qu'ils viennent de faire! Je vous le demande, si vous abandonniez votre plan, que feraient-ils de ces capitaux immenses rassemblés de toutes parts; croyez-vous que sans la perspective que vous leur offrez, ils ne se trouveraient pas heureux de l'intérêt déjà très élevé que peut leur en offrir l'industrie? Le haut intérêt de vos rentes les attire, dites-vous; mais vous affirmez qu'elles seraient aujourd'hui à à 115 sans votre projet de remboursement. Pourquoi donc ne les avez-vous pas laissé monter? La réduction de l'intérêt se trouvait faite naturellement, sans que personne y perdît; et les capitaux alors se seraient éloignés d'eux-mêmes. Ainsi, de votre aveu, vous avez pu, sans secousse, sans aucun froissement d'intérêts, atteindre ce but que vous nous signalez comme objet de vos efforts, et de votre aveu encore, vous l'avez repoussé par vos combinaisons.

Et quels sont donc, en définitive, les résultats de ces profondes combinaisons? Des privations imposées à une infinité de malheureux. Une augmentation de dette en capital d'un milliard; un accroissement de charges pour l'amortissement, c'est-à-dire pour les contribuables; la concentration de tous les capitaux dans quelques mains; la réalisation d'immenses bénéfices au profit d'étrangers; et tout cela pour obtenir une diminution annuelle de 28 millions dont 12 seulement pourront venir en décharge des impôts, et en se soumettant à tous les dangers d'une entreprise aussi hasardeuse, dangers qui peuvent être incalculables, que la moindre circonstance peut déterminer, et qui sont loin d'être improbables.

Convenez, M. le Comte, que ne pas sentir de semblables avantages, ne suppose pas nécessairement *de l'humeur* ou *de l'ignorance*.

Tournez, au contraire, vos méditations sur la diminution des charges, par l'extinction des rentes amorties, contre laquelle on ne peut alléguer que des lieux communs, déjà victorieusement réfutés.

L'amortissement, c'est-à-dire les contribuables, possède 33 millions, qui seront, avant la fin de l'année, portés à 35 au moins. Quinze peuvent suffire aux indemnités. Que les inscriptions, provenant de ces 15 millions, ne puissent être négociables avant le 1er janvier 1826, afin de laisser écouler entièrement votre dernier emprunt de 23 millions; et vous pourrez alors diminuer les impôts de 20 millions; vous aurez consolidé votre crédit, par la diminution effective de vos rentes; vous n'aurez mécontenté personne, que quelques banquiers, qui ont déjà calculé les millions que votre opération doit leur rapporter: vous n'aurez pas augmenté le capital de votre dette; vous ne vous exposerez à aucune secousse désastreuse. En conservant à l'amortissement sa dotation de 40 millions, ainsi que ses autres ressources secondaires, vous lui laissez une action assez forte pour soutenir votre crédit, une action, qui, dans l'espace de dix ans, aura retiré de la circulation encore 30 millions de rentes, que vous serez maîtres d'éteindre; et alors vous aurez véritablement rempli les devoirs d'une administration paternelle et prévoyante.

Étranger à tout espèce d'intrigue et de coterie, aucun motif personnel ne m'a fait prendre la plume. Propriétaire et rentier, la réduction qui m'atteindra n'aurait pas suffi pour m'engager à écrire, si je n'avais cru la mesure proposée encore plus désastreuse pour l'intérêt général qu'elle ne l'est pour l'intérêt particulier. Comme bien d'autres, M. le Comte, j'ai espéré beaucoup du ministère dont vous faites partie. J'y rattachais avec plaisir la fondation de la tranquillité et du bonheur de notre belle France. Vous pouviez, vous pourriez encore réaliser notre attente; pourquoi voulez-vous la tromper?

DÉPUTÉS des départements agricoles de la France, c'est à vous principalement que je m'adresse : On compte sur votre assentiment, parce que vos départements ne possèdent que peu ou point de rentes ; on veut vous persuader que vous n'avez aucun intérêt à refuser une mesure qui ne vous atteint pas. Ne vous arrêtez pas aux mots, mais aux faits. Calculez, et demandez-vous si l'amortissement, dont les charges vont s'augmenter d'un milliard, ne pèse pas en entier sur vous?

DÉPUTÉS qui figurez dans les rangs des victimes de l'émigration, j'en appelle à votre loyauté. Demandez-vous, si, lorsque notre situation financière vous offre la possibilité de trouver une indemnité qui ne coûtera de larmes à personne, une indemnité à laquelle tous ont contribué, vous voudrez donner la préférence à un mode qui, pour fermer d'anciennes plaies, en ouvre de nouvelles.

FIN.

www.ingramcontent.com/pod-product-compliance
Ingram Content Group UK Ltd.
Pitfield, Milton Keynes, MK11 3LW, UK
UKHW032034260826
14628UKWH00006B/2958

9 782011 340764